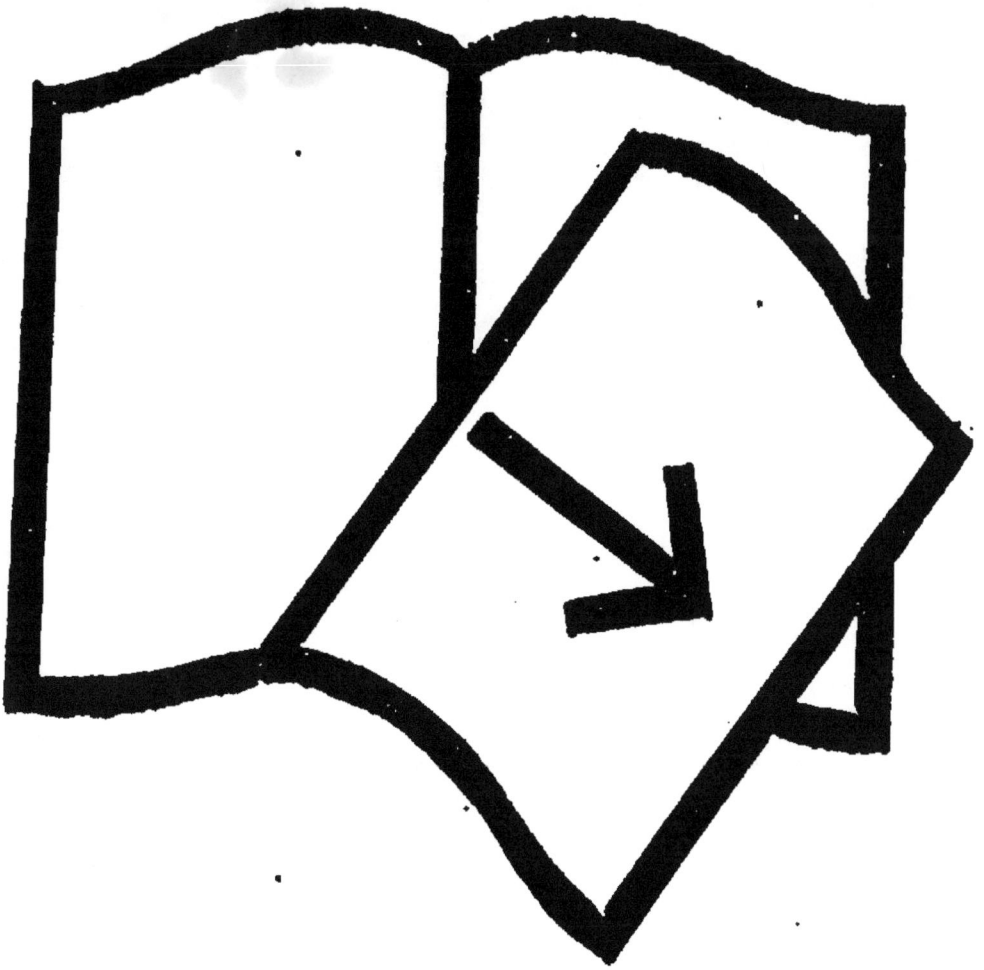

Couvertures supérieure et inférieure
manquantes.

LES PONTS DE ROUEN

LEUR HISTOIRE

ET

DISCUSSION DES NOUVEAUX PROJETS

(1025-1868)

PAR H. FRÈRE

AVOCAT

ROUEN

CHEZ A. LE BRUMENT, LIBRAIRE

ET LES PRINCIPAUX LIBRAIRES

1868

LES PONTS DE ROUEN

I

LE PONT DES DUCS

Tous les historiens sont d'accord pour reconnaître qu'a-
vant l'époque où vivait l'impératrice Mathilde, dont le
nom se rattache traditionnellement à l'ancien Pont de
Pierre de Rouen, il en existait un autre dans cette ville.
Mathilde n'a-t-elle fait que le restaurer, ou en a-t-elle
construit un nouveau? Nous le rechercherons plus tard.
Nous ne voulons maintenant que constater l'existence,
antérieurement à elle, d'un moyen fixe de communication
entre les deux rives.

En remontant le cours des temps qui l'ont précédée,
nous trouvons le Pont de Rouen mentionné dâns *Orderic
Vital,* liv. viii, p. 690, en l'année 1090, sous le duc Robert:
« Une sédition s'étant élevée dans Rouen pour livrer la
ville à Guillaume le Roux, une troupe de chevaliers ac-
courut au secours de Robert, sous la conduite de Gislebert
de l'Aigle. C'est par le Pont de Rouen qu'elle pénétra, *per
pontem Sequanæ ad Australem portam urbis accessit.* »

Il en est question, longtemps avant, dans la charte de fondation de l'abbaye de Saint-Amand, donnée par Goscelin d'Arques, en 1030, suivant D. Pommeraye (1), en 1035, ou plus tôt, suivant M. Deville (2); dans tous les cas, sous le règne de Guillaume le Bâtard : « *In foro Rothomagi unam aream, deinde unum molendinum in Ravelini villa, post hæc unum concedimus cellarium juxta pontem Sequanæ, positum in loco qui dicitur Poteria:* » un cellier placé auprès du pont de la Seine, dans le lieu dit la Poterie. Ce lieu n'est autre aujourd'hui que la rue Potard, ajoute M. Deville.

Plus anciennement encore, dès 1025, le duc Richard II, dans un acte de donation en faveur de l'abbaye de Jumiéges, cède ses droits de pêche depuis le Pont-de-l'Arche jusqu'au Pont de Rouen, et du Pont de Rouen au village d'Estaindrat (sans doute entre Rouen et Saint-Georges-de-Boscherville): « *A ponte Archas usque ad pontem civitatis et à ponte civitatis ad locum qui dicitur Slindrap.* »

Au-delà, commencent les conjectures et l'incertitude. Les historiens se divisent et argumentent les uns contre les autres à l'aide de textes souvent obscurs, où chacun d'eux croit pouvoir puiser des armes.

Dans le plan qu'il a publié en 1781 de la première enceinte de Rouen, aux Xe et XIe siècles, M. Rondeaux de Sétry fait figurer, vers la place où Mathilde éleva le sien, un pont sur lequel il écrit la légende suivante : « Pont de Bois, qui a subsisté jusqu'en 1160, où l'impératrice Mathilde fit construire en place un Pont de Pierre dont on voit encore les restes. Ce fut au milieu du Pont de Bois, dans une salle qui fut faite exprès, sur laquelle étaient peintes d'un côté les armes de Normandie et de l'autre celles de Bretagne, que Raoul reçut pour la première fois l'hommage

---

(1) *Hist. de l'abbaye de Saint-Amand;* 1662, in-fol.

(2) *Recherches sur l'ancien Pont de Rouen;* 1831, in-8.

du duc de cette dernière province (1). » M. Rondeaux de
Sétry ne dit pas où il a puisé ces minutieux détails ; leur
authenticité reste douteuse. Cette salle armoriée, où
deux princes déploient tant de politesse et de magnificence,
serait mieux à sa place dans le voisinage du Camp du Drap
d'Or que dans celui du traité de Saint-Clair-sur-Epte.
On croit voir une scène de la chevalerie anti-datée de plusieurs siècles, quelque rêve de la fin pompeuse du moyen
âge, transporté dans la réalité de ses rudes et grossiers
débuts. Certes, M. Rondeaux de Sétry a fait preuve d'un
rare mérite en reconstituant, avec des renseignements épars,
les principaux traits de la première enceinte rouennaise.
Mais n'aurait-il pas quelquefois suppléé au défaut de
preuves par des hypothèses, et ne faut-il pas voir ici un
exemple de ces fictions invraisemblables devant lesquelles
l'historien doit reculer ?

D'autres auteurs, M. Dupont-Boisjouvin, dans son *Pont de
Bateaux de Rouen*, 1829 ; M. de Duranville, dans son *Rouen
ville forte* (2) ; M. Fallue, dans son *Histoire du Diocèse de
Rouen* (3), croient trouver la preuve de l'existence d'un pont
à Rouen, au Xe siècle, dans certains passages du récit que
fait Robert Wace du siège de Rouen, en 948, par Othon et
Louis d'Outremer. Suivant le poëte, un jour, dès le matin,
Othon aperçoit sur le pont des charrettes et des chevaux
de somme, et sur le fleuve des embarcations qui doivent
être chargées de vivres. Ces allées et venues d'*Hermentre-
ville* (Saint-Sever) à Rouen le jettent dans l'inquiétude.
Il comprend que la place, indéfiniment ravitaillée, ne suc-
combera jamais, et il exhorte ses troupes à détruire le
pont par lequel elle communique avec le dehors (4). Voilà
donc ce monument deux fois mentionné, et si le *Roman de*

(1) *Notices et extraits des Manuscrits de la Bibliothèque du Roi*, t. III,
p. 593. — (2) P. 9. — (3) T. I, p. 110 et 192.

(4) Vers 4112, 4125.

Rou est une autorité suffisante, c'est à cette date de 948 que nous en fixerons l'origine. Mais Robert Wace est un poëte; les fantaisies lui sont permises, et près de deux siècles le séparent des événements qu'il raconte. Le contrôle des chroniqueurs contemporains n'est pas favorable à l'exactitude de ce passage de son récit. Dudon de Saint-Quentin, que partout ailleurs il a presque copié, expose tous les documents du siége de 948, sans dire un mot du pont. Guillaume de Jumiéges n'en parle pas davantage. Bien mieux, Robert Wace (1), arrivant un peu plus loin au siége de 962, par Lothaire et Thibaut le Tricheur, ne semble plus du tout faire entendre qu'il y eût un pont à couper ou à défendre. Suivant lui, le duc Richard réunit silencieusement ses troupes et les envoie à la recherche du plus grand nombre de bateaux possible pour leur faire passer la Seine pendant la nuit. S'il avait eu un pont à sa disposition, il s'en fût évidemment servi, et s'il ne l'avait plus eu à sa disposition, c'est que l'ennemi l'aurait eu à la sienne par suite de quelque événement qui n'aurait pas échappé à l'attention des chroniqueurs. Donc, Robert Wace savait cette fois qu'il n'en existait pas, et s'il en met un en scène quelques années auparavant, c'est, comme le suppose M. Deville, qu'il aura peint la première fois celui qu'il avait sous les yeux à l'époque où il écrivait, vers la fin du XIIe siècle, sans s'inquiéter de la contradiction où il tombe la seconde fois.

Malgré ces graves raisons de douter, M. l'abbé Cochet, dans *la Seine-Inférieure historique et archéologique*, fait, sans aucune hésitation, remonter à l'époque romaine le Pont de Bois qui précéda le Pont de Pierre. Il le classe dans la troisième voie romaine qui conduisait à Rome par Paris, et suivait la rive gauche de la Seine, après être sorti de Rouen par la rue Grand-Pont, la porte de la Roquette et avoir traversé le fleuve. A l'appui de cette assertion il

(1) Vers 1778.

cite M. Rondeaux de Sétry, sur l'exactitude duquel on a pu apprécier nos réserves, et M. Falluo qu'il a cependant rigoureusement traité depuis dans un article nécrologique de la *Revue de la Normandie* (1). L'ayant jugé comme il l'a fait après sa mort, je suis surpris qu'il en ait fait une autorité pendant sa vie. Les points de rencontre entre opinions généralement divisées peuvent-ils ainsi faire passer un adversaire des derniers rangs aux premiers sur l'échelle de la science et du talent ? M. l'abbé Cochet emprunte d'autres armes à la chronique de *Nithard:* « *Girardus quoque pontes quoscunque reperit destruxit.* Ce *quoscunque* serait un commencement de preuve si, à l'époque des luttes entre Lothaire le Germanique et Charles le Chauve, auxquelles se reporte la citation, on ne connaissait l'existence d'aucun autre pont que le Pont-de-l'Arche construit vers 864. Ce pluriel indiquerait la présence d'un second pont au moins sur la Seine, et autoriserait le plaisir de fixer à Rouen ce ténébreux monument. Mais comment affirmer qu'en aval de Paris aucun autre pont n'existât? Même en tenant pour admis celui de Rouen en même temps que celui du Pont-de-l'Arche, c'est bien peu pour un *quoscunque*. L'amplitude du mot semblerait en comporter un plus grand nombre, et s'il y en avait d'autres, où est la preuve que parmi eux aurait déjà figuré celui de Rouen ?

Moins hardis que M. l'abbé Cochet, MM. Le Prevost, Deville et Licquet reculent jusqu'au XIe siècle (2). Comme lui, ils étudient les mouvements de Charles le Chauve dans sa lutte contre son frère, et lorsqu'ils le voient en 841 sur la rive gauche de la Seine, cherchant à passer sur la droite et n'y pouvant réussir, jusqu'à ce qu'il trouve à Rouen 28 vaisseaux marchands qui transbordent son armée, ils en concluent qu'aucun pont, pas même celui de

(1) Mai 1868.

(2) *Roman de Rou*, t. II, p. 524; *Histoire de Normandie*, *Guide de Rouen*, etc.

Pont-de-l'Arche, ne s'était encore offert à lui. Je sais bien que si Girard venait de couper les ponts, l'embarras de Charles le Chauve serait la confirmation du système de M. l'abbé Cochet. Mais tout porte à croire que le défaut de ponts était dû à l'indifférence des Romains, qui n'en avaient pas établi, plutôt qu'aux coups destructifs de Girard qui n'en avait sans doute pas rencontré. En aurait-il pu détruire ainsi sans aucune résistance et sans qu'aucune trace, aucun document en eût gardé le témoignage ? Une place aussi forte que Rouen l'était déjà, n'aurait-elle pas énergiquement défendu un pareil moyen de communication si elle en avait été dotée ?

Notre conclusion s'aperçoit déjà. Dans le désaccord qui sépare MM. Le Prevost, Deville et Licquet, d'un côté, MM. Rondeaux de Sétry, l'abbé Cochet et Falluc de l'autre, on voit les raisons données par les premiers l'emporter sur les efforts tentés par les seconds. Aucune trace saisissable, aucun texte précis n'autorise à affirmer l'existence d'un pont à Rouen au Xe siècle, et, dans le XIe, ce n'est qu'à partir de 1025 seulement que l'histoire le constate d'une manière authentique.

Une autre question serait de savoir si ce monument primitif était en pierre ou en bois. Elle présente plus de difficultés, aucun texte n'en aidant la solution, et les conjectures seules étant permises. Il me semble, quant à moi, difficile de supposer que, si près de l'ouvrage en pierre construit à grands frais et à grande peine au Pont-de-l'Arche dès le IXe siècle, les populations aient jugé nécessaire de se procurer, en face de Rouen, quelque chose de plus qu'un moyen tel quel de communication fixe, et qu'au désir d'avoir un lien sûr entre les deux rives de la Seine, elles aient joint l'ambition d'avoir un monument en pierre. Le pont de bois suffisait à leurs besoins, comme il devait suffire à ceux de la politique ducale. Ayant toujours à leur disposition de nombreuses barques,

les premiers chefs normands auraient moins travaillé
pour eux-mêmes que pour leurs voisins qui n'en avaient
pas, en soumettant à ce joug monumental et presque in-
destructible le fleuve dont ils aimaient la liberté et dont
nul d'entre eux ne redoutait les orages.

Autre induction : La *Chronique de Rouen* (1) dit,
sous la date de 1136 : « Cette année le feu prit à partir de
la tête du Grand Pont, » ce qui implique, dans une certaine mesure, l'existence d'un aliment plus accessible que
la pierre aux développements d'un incendie. Celui-là avait
eu des résultats terribles ; car, neuf ans après, en 1145,
Geoffroy Plantagenet s'occupait encore à les réparer, et
ces travaux de restauration étaient assez importants pour
que Robert du Mont (*apud Du Chesne*, p. 982) les appréciât
ainsi : *Pontem reficit firmissimum*.

Ce n'est pas tout. Comme, vers 1160, Mathilde commen-
çait son Pont de Pierre, ainsi que nous l'expliquerons dans
le chapitre suivant, le court intervalle de quinze années qui
s'est écoulé entre la restauration complète du premier pont
et la création du nouveau, ne s'expliquerait pas si l'ancien
avait été aussi en pierre. L'hypothèse d'un Pont de Bois
l'explique au contraire très-bien. Dans quelque excellent
état que l'eût mis son mari en 1145, elle aura voulu éviter
le retour des dommages et des embarras dont elle avait été
le témoin, en substituant la pierre au bois dans une construction qui défierait le temps et le feu. Cette circonstance
que le pont entrepris par elle était en pierre paraît d'ailleurs avoir frappé, comme une chose nouvelle, le chroni-
queur contemporain qui la raconte, et nous allons voir
qu'il ne parlera pas de ces arches fameuses, sans ajouter
expressément : *Pontem lapideum*.

---

(1) *Recueil des Historiens de France*, t. XIII, p. 785.

II

PONT DE L'IMPÉRATRICE MATHILDE

De bons esprits professent l'opinion que l'impératrice Mathilde, au lieu de créer un nouveau pont, a seulement contribué, dans une large mesure, à la restauration de l'ancien. S'il en était ainsi, il faudrait regretter que la tradition ait contribué à fausser nos connaissances historiques en donnant à notre vieux Pont de Pierre un nom qui ne serait pas celui de son fondateur. Mais je crois la tradition moins trompeuse. Appuyée sur les textes contemporains, elle va acquérir ici une force nouvelle.

Sans que cette réflexion soit nécessaire à mon sujet, on me pardonnera de rappeler que l'impératrice Mathilde est un des plus curieux exemples des victimes conjugales immolées à la politique. Elle avait se..c ans lorsque son père, Henri Ier, roi d'Angleterre, donna sa main à un époux qui n'en avait que dix, Henri V, empereur d'Allemagne. Et quand elle fut veuve à trente ans, il la maria à un prince de la maison d'Anjou, qui n'en avait pas seize, Geoffroy Plantagenet. Elle semblait condamnée aux jeunes maris à perpétuité; et si cette condamnation est douce généralement, c'est sans doute à la condition d'une jeunesse qui soit plus voisine de la virilité. Toutefois ce ne furent pas des sacrifices sans dédommagement. Elle rapporta d'Allemagne des richesses incomparables, dit la chronique, et elle les employa à des œuvres de bienfaisance et à des travaux d'utilité publique. Malgré l'intérêt qu'inspirent ses malheurs et le respect commandé par son dévoûment, faut-il réduire à une simple restauration le travail immense qu'elle a entrepris, pour substituer un Pont de Pierre au vieux Pont de Bois? M. Licquet s'est franchement déclaré son adversaire. Dans son mémoire de

1826, *Rouen avant Rollon*, il a très-catégoriquement déclaré qu'elle n'avait pas construit de pont à Rouen. Il ne lui concède même pas la gloire d'avoir contribué à relever l'ancien de ses ruines. C'aurait été l'œuvre exclusive de Geoffroy Plantagenet, et tout son mérite aurait consisté à être la femme du prince, auteur de ce rajeunissement. Mais un peu plus tard, en 1831, M. Licquet s'est montré moins sévère, et le *Guide de Rouen*, qu'il a publié à cette époque, n'hésite pas à reconnaître que rien n'empêche de la considérer comme une créatrice, digne de nommer son œuvre.

Cet hommage négatif n'est pas suffisant. La précision des chroniques contemporaines exige mieux. *Ad pontem lapideum super Sequanam apud Rothomagum, a se inchoatum multam summam pecuniæ dimisit*, dit Robert du Mont, historien exact et témoin oculaire. — *Inchoatum -- entrepris, commencé, tiré du chaos, du néant.* Le mot est clair; il implique nécessairement une initiative, une nouveauté, et exclut toute idée de continuation ou de contribution.

Sont-ce les grandes réparations de 1115 par Geoffroy Plantagenet qui effraient M. Licquet? Les considère-t-il comme incompatibles avec la construction d'un pont nouveau vers 1160? Nous avons déjà dit que ce nouveau pont était en pierre, que par conséquent il valait bien la peine d'être substitué à un pont de bois quel qu'il fût. Quelle autorité ne faudrait-il pas à une simple invraisemblance pour détruire la leçon d'un texte aussi catégorique que celui de Robert du Mont! Et ici, où est l'invraisemblance?

Composé d'arches inégales et de piles de grosseurs diverses, le Pont de l'impératrice Mathilde devait offrir beaucoup moins de résistance que le Pont-de-l'Arche à la triple action des hommes, des flots et du temps. Dès 1204, les habitants de Rouen, assiégés par Philippe-Auguste, en rompirent plusieurs arches, et dans l'acte de capitulation du 1er juin, il était stipulé que les bourgeois pourraient ruiner quatre arches du pont et boucher la porte vers la ville, *lorsqu'il nous plaira*, dit le roi (1).

En 1156, les eaux débordées du fleuve ne firent pas moins de ravages.

Ces désastres furent promptement réparés, et le pont traversa sans accident tout le XV⁰ siècle. Néanmoins, en 1375, il était devenu si mauvais, qu'il fallait sans cesse y travailler et que, pour subvenir aux charges de cette coûteuse propriété, la commune établit, avec l'autorisation royale, un droit de pontage (2).

Le XVI⁰ siècle fut celui de sa perte. Le 22 août 1502, à deux heures de l'après-midi, trois arches tombèrent dans la Seine. Non pas seulement en 1533, comme le dit Farin (3), mais plus probablement en 1503, suivant la rectification de M. Bouquet (4), deux autres eurent le même sort. La ville les fit refaire en bois; — et ce qui donne raison à M. Bouquet, c'est que dans le plan de Jacques Lelieur, en 1525, figurent très-distinctement ces arches en bois du côté de la ville et celles en pierre sur la rive opposée. C'est la plus ancienne figuration connue du Pont Mathilde. On aperçoit fort bien sa naissance dans la partie du rempart qui était au droit de la rue menant à la Cathédrale et toujours connue sous le nom du *Grand Pont*. Après avoir descendu les longues berges de la rivière sur ses nouvelles installations, il rencontre, vers le milieu, les sept arches de pierre qui lui restent, et aboutit à deux îlots qui se trouvaient assez près du faubourg de la rive gauche, pour y être reliés par des ponts-levis. Sur le plus important de ces îlots était une sorte de château-fort appelé la *Barbacane* et dont M. de Duranville a fait l'intéressante histoire (5). Les sept arches

(1) De Duranville; *Sainte-Catherine*, p. 170.
(2) De Fréville; t. II, p. 144.
(3) T. I, 1ʳᵉ part., p. 164, in-4⁰.
(4) Annotation 106 des *Fastes de Rouen*, par Hercule Grisel.
(5) *Côte Sainte Catherine et Fortifications de la ville de Rouen*.

qui restent, ajoutées aux cinq dont Farin a raconté la chute, n'en donneraient que douze au total. Cependant, le plan de 1580, extrait du *Théâtre des cités du Monde* et une gravure de 1620 (1) en représentent treize. C'est aussi le chiffre indiqué par Gomboust (2).

Le 7 mars 1564, il se rompit par le milieu sur une étendue de trois arches. C'est à partir de ce moment que les réparations devinrent très-difficiles, et que, sans y renoncer, la ville y consacra plutôt des études et des projets que des travaux bien énergiques. On commença par établir deux grands bacs devant la porte de Saint-Cande, qui s'appela désormais la porte du Bac. On se halait sur une corde pour les pousser d'une rive à l'autre. Et pendant que ce moyen de passage, indiqué d'abord comme provisoire, devenait définitif, MM. de la Ville, en 1570, provoquaient, entre les plus habiles maçons du royaume, une sorte de concours qui paraît n'avoir pas été absolument inutile, puisque Taillepied, qui écrivait en 1587, parle du pont comme servant encore quelquefois de passage aux chariots, et que Grisel, dans ses *Fastes de Rouen*, prétend l'avoir parcouru dans toute sa longueur en 1599.

> *Mensus itu redituque fui, nec olympias acta*
> *Tunc mihi; quassatum curribus esse ferunt.*

Le poëte est-il aussi véridique quand il raconte que, l'année suivante, on fit, à coups de mine, sauter les arches du côté de la Barbacane? Je sais bien qu'on a fini par là, et qu'en 1603 Henri IV fut obligé de se servir des bacs pour entrer dans Rouen; mais un projet de reconstruction totale de 1608, des lettres du roi du 12 janvier 1619 et la gravure de 1620, où les arches du milieu seules sont détruites,

---

(1) M. Bouquet. — Loc. cit., note 105.
(2) Edition Ed. Frère, p. 37. — Taillepied, en 1587, dit que le pont a douze ou treize arches, *desquelles la première, vers la ville, est tarie depuis peu de temps.*

m'empêchent d'accepter la date de 1600 comme celle de là destruction volontaire du pont.

Le projet de reconstruction est de Claude Chastillon, ingénieur de Henri IV et auteur d'un ouvrage très-rare, intitulé *Topographie françoise*. Il figure sur un plan daté de Rouen, 31 août 1608, et divisé en cinq cases dont les 3e et 4e portent pour titre : *Plan géométrical du Pont de Rouen comme il estoit au mois d'août mil six cent huict, auquel sont représentez toutes les pilles en leurs diversitez et différences de grosseur avec les pilloliz qui les environnent es termes de leurs plattes formes, et aussi les masses et ruynes qui sont tombées de l'ancien pont, portant grant obstacle tant au couranl de l'eau de Seyne, que au reflux de la mer.* La 5e case contient le *desseing et indice du Pont de Rouan lorsqu'il sera refaict et duement rétably en sa perfection* (1). Comment admettre qu'en 1600 la commune détruisit son pont, et qu'en 1608 elle commandât ou simplement facilitât une étude aussi complète des restes de ce monument et des moyens de le restaurer? Sans doute la versatilité administrative ne date pas d'aujourd'hui; mais elle aurait été cette fois trop flagrante et trop coûteuse pour être facilement supposée.

Quant aux lettres patentes du roi, du 12 janvier 1619, elles permettent aux échevins de faire démolir le petit château ou Barbacane et donnent à la ville l'emplacement et les matériaux, à condition que tout servira à la réparation du pont (2). Cette mesure ne reçut pas d'exécution; mais les termes dans lesquels elle était prise ne sont pas moins incompatibles que le projet de tout à l'heure avec la thèse d'une démolition volontaire dès l'année 1600.

La date qui paraît être la vraie se renferme entre les années 1620 et 1625. En 1625, en effet, Henry d'Orléans,

(1) Bibliothèque de Reims; *Revue de Rouen*, nov. 1842, p. 314.
(2) Licquet; *Rouen*.

duc de Longueville et gouverneur de Normandie, ordon-
nait la mise en adjudication d'un Pont de Pierre à construire, sans qu'il fut question des ruines de l'ancien, dans
les baux et devis, pour autre chose que pour charger de
leur enlèvement l'adjudicataire. Le procès-verbal du
3 mars 1625, imprimé à Rouen, chez Martin le Mesgis-
sier (1), s'exprime ainsi : « Avons fait entrer ledit Loysel
« (l'adjudicataire), auquel nous avons proposé qu'il eust à
« démolir à ses dépens ce qui reste de massonnerie du vieil
« pont et tout ce qui empesche la navigation, mesme le vieil
« chasteau estant au bout d'iceluy, en sorte que la rivière
« soit libre et se servir des mathereaux en la construction du
« Pont Neuf, si bon luy semble, et que celuy seroit com-
« modité d'avoir lesdits mathereaux sur le lieu pour ayder à
« faire ledict pont. » Loysel refuse, protestant que ce serait
une surcharge ruineuse. Les 3 millions de livres qui lui
sont accordés suffiront à peine pour faire le pont. Mais les
commissaires lui accordant un supplément de 30,000 liv.
avec les matériaux et le droit de bâtir maisons et boutiques
sur le massif de la culée et la voûte de la première arche,
et sur les autres places vides qui ne géneraient pas l'avenue,
il accepte et poursuit l'adjudication que le défaut de toute
concurrence lui fait obtenir sans difficulté. Les 3 millions
du devis, la taxe du projet où il est parlé « non-seulement
d'un soulagement et d'une très-grande commodité à toute
la province et à toute la France, mais d'un embellissement
et décoration à la ville, » le nom des commissaires, les
premiers présidents, Alexandre de Faucon de Ris, Nicolas
Langloys de Mautheville, Jean Diel des Hameaux et d'autres grands personnages, tout indique la résolution de
faire un ouvrage monumental. L'attitude de nos vieux
échevins est bien digne de l'antique sapience de la pro-

(1) *Bail et adjudication des Ouvrages du pont de Rouen faicts à Pierre
Loysel*, sieur de Periers, le 3me mars 1625, in-4°.

vince, devant ces magnifiques promesses. Ce ne sont pas les premières que leur fait le gouvernement. Ils ont trop de mémoire pour avoir beaucoup d'enthousiasme. Ces promesses ne touchent pas plus les délégués, Me Nicolas Pouchet et Me Charles du Four, que la proposition d'un pont de bois ou de bateaux provisoire, en attendant l'achèvement de celui en pierre, et ils répondent : « Que l'un et l'autre « desdicts pontz ne pourroit pas subsister, à cause du flus « et reflus qui est très-violent, mais requeroient qu'il nous « pleust entendre à celle qui autrefois auroit esté faite de « travailler à la réparation du vieil, suivant les devis qui « en ont esté ci-devant faicts et approuvez. Et que pour « ledict Pont Neuf ils protestoient que l'adjudication qui « pourroit estre faicte de la construction dudit pont, ne « préjudicieroit point à ladicte ville, attendu que de sa « part elle n'y donnoit aucun consentement (1). »

Dans la pensée des échevins, le vieux pont pouvait donc une fois de plus être restauré. Faudra-t-il en conclure qu'on n'y avait pas encore appliqué la mine, et reculer même, au delà de 1625, la date de cette démolition? C'est une opinion qui peut être soutenue. Dans tous les cas, la vue de 1650 placée en tête de Gomboust (2) et le plan même que publiait cet ingénieur en 1655 ne permettraient pas de dépasser dans ce mouvement de retraite la première moitié du XVIIe siècle : — le pont y est figuré avec toutes ses arches rompues du côté de Saint-Sever.

En 1661, la *Chronique* enregistre officiellement la triste fin du pont Mathilde. Cette année là, « on acheva de dé- « molir entièrement le Pont de Pierre en y laissant néan- « moins les piles jusqu'à une certaine hauteur pour y « construire quelque jour un pont de bois, si on le jugeait « à propos. » Cette hypothèse ne devait point se réaliser :

(1) *Bail et adjudication*, p. 14.
(2) Edition Ed. Frère, ornée d'une planche d'après Israel Sylvestre.

en 1661, il y avait déjà longtemps que Rouen était en jouis-
sance d'un pont appuyé sur des bateaux et non sur des
piles.

En effet, les bons échevins de 1625 n'avaient été écoutés
que dans la moitié de leurs observations. Ils avaient obtenu
facilement la renonciation au pont nouveau en pierre,
mais non pas celle au Pont de Bateaux qui avait été préféré
à leur projet de restauration. Depuis 1626, les deux rives
communiquaient par cette route mobile dont le niveau suivait ingénieusement à chaque marée celui des eaux. En la
parcourant, le passant avait sous les yeux, à quelques
toises en aval, les ruines abandonnées du vieil édifice de
l'impératrice Mathilde, et déjà, au commencement du
XVIIe siècle, il rêvait sans doute aux vanités du XIIe.

III

LE PONT DE BATEAUX

Presque en face de la rue du Bac, à environ 80 mètres en
amont du Pont Mathilde et 150 mètres en aval de l'endroit où
a été construit depuis le nouveau Pont de Pierre, les dix-
neuf bateaux qui devaient supporter le poids des communications fluviales furent réunis pour la première fois sous
leur plancher mobile, en 1626. Son existence encore ré-
cente et la conservation fidèle de son organisation première
jusqu'à des temps voisins dispensent de rappeler le méca-
nisme à l'aide duquel une partie de son tablier, tirée sur
ses roulettes par un cabestan, se repliait au-dessus de l'autre
pour livrer passage aux navires. Le développement du commerce de la ville et le respect de ses intérêts maritimes
avaient commandé cette exigence, aussi bien que le recul
en aval. Pour ménager au mouvement du port un plus
large bassin, on n'avait voulu ni jeter un pont de bois sur
les anciennes piles de la reine Mathilde, ni les employer à
aucun autre ouvrage fixe qui eût arrêté la rivière.

Il n'est pas difficile de supposer que l'adjudicataire de l'année précédente, Pierre Loysel, sieur de Periers, prit une grande part dans la construction de ce pont presque annoncé dans le procès-verbal de son adjudication. Rien, au contraire, ne justifie l'authenticité de celle qu'y aurait prise le frère Nicolas, généralement mentionné comme l'inventeur du système. M. Licquet a, le premier, rectifié cette erreur (1). A l'appui de sa rectification, le savant auteur dit n'avoir rencontré le frère Nicolas que cent ans après, construisant, en 1717, le pont tournant à Paris. S'il avait eu à sa disposition les pièces que M. l'Archiviste du département a bien voulu mettre à la mienne, il l'aurait rencontré quelques années plus tôt à Rouen même, en 1709.

En effet, à cette époque, il y conduisait le service du pont et y dirigeait des travaux considérables que la postérité a pu grossir et confondre avec une véritable invention. Un ingénieur militaire, de Caux de Fierville, appelé en Normandie par des études accidentelles sur les *fabriques de cuivre jaune*, le trouva en train d'exécuter, aux deux extrémités du pont, des plans qui lui parurent en immobiliser le niveau au grand préjudice des exigences des marées. Il les jugea tellement compromettants, qu'en septembre 1709, il adressa au marquis de la Vrillière, secrétaire d'Etat, un Mémoire dans lequel il n'hésite pas à dire que certaines personnes supposent atteint de folie le frère Nicolas, et où il le traite avec beaucoup de sévérité, j'ajoute avec beaucoup d'injustice. Le secret de ces rigueurs paraît être dans le désir de Fierville de remplacer le pauvre religieux après l'avoir fait congédier. La fin de son Mémoire le donne à entendre. Malgré les exagérations que lui a dictées dans ce sens son intérêt personnel, voici quelques passages que nous n'hésitons pas

_____

(1) *Guide de Rouen*, 1831, p. 201.

à transcrire, parce qu'un certificat du maréchal duc de
Boufflers, joint aux pièces, montre que cet ingénieur
venait de rendre de grands services dans la campagne de
Flandre, et qu'il avait été à l'armée *d'une très-grande
utilité dans tous les différents ouvrages de son invention*,
notamment dans la conduite des bateaux pour le transport
des bagages et des blessés.

« Il s'agit seulement de charger de l'exécution quelque
personne plus capable que le frère Nicolas, qui s'est
intrus dans Rouen en qualité d'architecte. Ainsi les archi-
tectes doivent être les juges de ses ouvrages, dont ils re-
mettront le jugement entre les mains de V. Exc. pour la
mettre au fait et en état d'en pouvoir rendre compte à
S. M..... Il n'y a pas de temps à perdre pour envoyer
à Rouen les personnes qui sont dans l'expérience et la pratique de ces sortes de moyens, et arrêter le cours d'une
dépense aussi imprudemment faite que celle à quoi frère
Nicolas engagera la ville de Rouen, si on lui laisse achever
un projet qui, en rendant le pont impraticable dans les
parties de l'année où il sera le plus nécessaire, il faudra
absolument se servir de nouveaux moyens pour en tirer
quelque avantage... Comme le sieur de Fierville se trouve
aussi en état de présenter quelques moyens de son invention, il en soumettra très-volontiers l'examen aux personnes qu'il plaira à V. Exc. de choisir pour cela.

« Versailles, septembre 1709. DE CAUX DE FIERVILLE. »

Tout cela modifie bien le rôle que la tradition attribuait
au frère Nicolas dans l'histoire du Pont de Bateaux. Au
lieu de l'invention et de l'application première d'un méca-
nisme si longtemps vanté, le voilà réduit à une simple
réparation, plus de soixante-quinze ans après son établissement, et dans des conditions qui attiraient des critiques
exagérées sans doute, mais émanées d'un homme compé-
tent.

Dans les archives communales, il n'est question du Pont de Bateaux que pour en payer les innombrables réparations. Il est vrai que la ville percevait des droits de péage sur tous les bâtiments qui montaient ou descendaient le fleuve. Mais ils étaient bien insuffisants pour faire face aux charges d'entretien. En 1793 et dans les années suivantes, leur fermage n'était que de 37,000 fr. . Qu'était-ce donc dans les années antérieures! Les charges, au contraire, étaient énormes. Dès 1672, il fallait y dépenser plus de 60,000 fr. , dont le roi ne fournissait qu'une portion par un impôt sur les généralités de Rouen , de Caen et d'Alençon, — arrêt du 13 septembre. — En 1709, nous avons vu le frère Nicolas y exécuter des réparations importantes. Vingt ans après, en 1727, un devis rédigé par le sieur Gabriel, architecte des bâtiments du roi, montait à 107,713 liv. Sur les 19 bateaux du pont, il y en avait 7 complétement hors de service et plusieurs autres gravement avariés. Le pavage était à refaire en entier, avec les deux trottoirs latéraux.

En 1777, un autre devis s'élevait à 213,048 livres. Aussi la ville , découragée , renonçait-elle catégoriquement à pourvoir plus longtemps à de pareilles charges sans ressources nouvelles. Ses plaintes furent transmises au Directeur général des finances, qui proposa pour remède le dégrèvement du budget communal des dépenses nécessitées par les logements de certains magistrats de la province , l'emprunt d'un capital dont les intérêts seraient servis par un impôt sur la généralité, et la perception de l'octroi des marchands par la régie, afin d'économiser à la ville les frais de perception. Les deux premières propositions furent bien accueillies, mais la troisième souleva la plus vive antipathie , et voici la réponse que, le 17 janvier 1778 , les échevins remirent à M. de Crosne, chargé d'en faire connaître la substance au Ministre :

« Monseigneur,

« Nous avons reçu la lettre dont vous nous avez honorés, en date du 8 de ce mois, à laquelle est jointe une copie de celle qui vous avait été écrite le 5 par M. le Directeur général des finances touchant le plan adopté par le Roi pour nous mettre en état d'acquitter nos charges et de subvenir au paiement des ouvrages nécessaires pour le rétablissement de notre Pont de Bateaux.

« Nous voyons, Monseigneur, que pour remplir ce double objet, l'intention de S. M. est : 1° de décharger les revenus de l'Hôtel-de-Ville de la dépense des logements de MM. les Gouverneur et Lieutenant général de la province, de celui de M. l'Intendant de la Généralité, de ceux des Commissaires des guerres, du Prevost général, du Lieutenant, des Brigadiers et Cavaliers de la maréchaussée, des frais du Bureau d'inspection des manufactures, des gages et pension du Major et des 1,000 liv. ci-devant payés à l'Inspecteur des bois, lesquels objets réunis forment une charge annuelle de 18,336 liv. 13 ; 2° de nous autoriser à emprunter les capitaux nécessaires pour le rétablissement de notre pont, et d'imposer sur la Généralité la somme destinée au paiement des intérêts de ces capitaux, tant qu'ils ne seront pas remboursés.

« Quoique ce soulagement soit beaucoup au-dessous de celui que nous avions lieu d'espérer et de la perte que nous avons éprouvée par la suppression de la banalité de nos moulins, nous ne pouvons, dans l'extrême détresse où nous nous trouvons, que le recevoir avec la plus respectueuse reconnaissance... A cet effet, nous avons l'honneur de vous remettre un état rectifié de toutes les dépenses urgentes et indispensables faites et à faire pour le rétablissement de notre Pont, qui s'élèvent à 216,048 liv.

« Mais si, pour nous procurer cette somme, nous ne devons, suivant la lettre du Ministre, envisager d'autre ressource que celle d'emprunter, comment pouvoir espérer que nous y parviendrons, lorsque le crédit de l'Hôtel-de-Ville et la confiance publique sur laquelle il est appuyé seront anéantis par l'exécution du projet annoncé de supprimer la régie actuelle de nos octrois? Les conséquences d'une semblable innovation, surtout dans la circonstance critique où nous nous trouvons, méritent les plus sérieuses réflexions. » (Archives départementales.)

Malgré la forme respectueuse que commandaient les usages administratifs, le Gouvernement ne pouvait pas se dissimuler la vivacité de ces craintes. L'octroi des marchands était la principale ressource de la ville, celle qui servait de base à son crédit. Et elle estime que si la perception en était faite par les agents du Gouvernement, au lieu de continuer a l'être par les siens, on ne lui supposerait plus la libre disposition des sommes versées. Le Gouvernement passait-il donc pour un dépositaire peu fidèle, capable d'appliquer à d'autres besoins que ceux de la ville les revenus qu'elle lui aurait confiés, et préparant déjà la science raffinée des virements budgétaires? Telle était, il faut bien le dire, la dernière pensée de la lettre. M. de Crosne la transmit au Ministre, auquel il n'aurait pas cru rendre service en lui cachant le mécontentement de ses administrés. M. Necker lui répondit en ces termes, où se trahit son dépit, malgré le soin qu'il prend de comprendre dans un sens moins désagréable les craintes de discrédit qu'elle exprimait.

« Ce n'est, Monsieur, que pour chercher à simplifier et à diminuer les frais, que je vous avais communiqué l'idée de faire recevoir les droits de l'octroi des marchands par les régisseurs. Mais du moment que vous pensez qu'il y aurait peu d'avantage à attendre de cet arrangement, et qu'en même temps il pourrait en résulter un discrédit important pour les opérations des directeurs de l'octroi, je renonce volontiers à l'idée que l'on m'avait présentée, et puisqu'elle a occasionné une si grande inquiétude, vous m'auriez fait plaisir de me donner votre avis sur ce changement avant d'en parler.

« J'ai l'honneur d'être.　　　　NECKER (1). »

Du 6 décembre 1793 au 24 août 1820, en vertu de la loi du 16 frimaire an II, déclarant que les grandes routes devaient être construites, reconstruites et entretenues aux frais de l'Etat, les frais d'entretien du Pont de Bateaux furent compris dans le budget général des ponts et chaussées comme dépenses de la route n° 158 de Rouen à Bordeaux. Cette modification entraîna la suppression des droits de pontage (2). Mais les ponts et chaussées ne furent pas plus heureux que la ville et ne surent pas rendre moins onéreuse la charge qui désormais pesait sur eux. En outre, leurs ingénieurs excitèrent parfois les plaintes de la population, par leur défaut de soins ou leur confiance exclusive en leur propre infaillibilité. En l'an X parut à l'imprimerie Guilbert un Mémoire (3) dirigé contre l'ingénieur Lemasson, que les habitants du faubourg Saint-Sever accusaient, dans les termes les plus vifs, d'entêtement et d'ineptie. Ils lui reprochaient de n'avoir pas fait de faux-ponts, ce qui rendait inaccessible, par les hautes marées, les rampes du tablier ordinaire soulevées trop haut ou entraînées trop bas. Ils se plaignaient aussi de ce qu'il n'avait pas, en prévision de la débâcle des glaces, fait ouvrir un passage aux glaçons, dont la course avait emporté et brisé plusieurs bateaux. MM. Dubois et Lamandé, ses prédécesseurs, eussent mieux agi, disaient-ils. Le Mémoire leur rendait un hommage complet.

L'administration du pont fit retour à la commune par

---

(1) Archives départementales.

(2) Voir un historique très-complet des droits de péage dans le rapport présenté au Conseil Municipal, le 26 mars 1829, par M. J. Rondeaux.

(3) *Griefs des Habitants du faubourg Saint-Sever, faisant partie de la commune de Rouen, contre le citoyen Lemasson, chef du génie dans le département de la Seine-Inférieure.*

une ordonnance royale du 24 août 1820, qui lui concéda la propriété du Pont de Bateaux, sous la condition qu'elle l'entretiendrait à ses frais. Pendant les neuf années qui s'écoulèrent jusqu'en 1829, elle y dépensa 370,000 fr. (1).

A cette époque, l'élévation de ce chiffre et l'inauguration du Pont de Pierre, qui ouvrait à une centaine de mètres en amont un passage vaste et gratuit à la circulation des plus lourds chariots, appelèrent énergiquement l'attention du Conseil Municipal sur la situation faite au Pont de Bateaux. Dès ce moment, la pensée d'un pont un peu plus éloigné du nouveau et d'un entretien moins coûteux avait pris place dans l'esprit de nos magistrats, avec la nécessité de résoudre le problème qui consistait à descendre légèrement en aval sans réduire le bassin maritime. C'est cette pensée qui devait aboutir au Pont Suspendu. Vainement la vieille merveille réunit autour d'elle quelques âmes généreuses vouées au culte du passé. Sa condamnation était irrémissible. Un membre de la Société libre du Commerce, M. Dupont Boisjouvin, se fit l'avocat de cette cause perdue (2). A bout d'arguments, il proposa d'installer, sur le dos de son infortuné client, une sorte d'estrade où, dans les belles soirées d'été, la bonne compagnie se donnerait rendez-vous ; « le sexe aimable qui fait le plus bel « ornement de nos fêtes y viendrait déployer plus libre-« ment ses grâces. » Et dans ces bateaux oisifs, qui n'avaient su jusque-là servir que de supports, on installerait « des rafraîchissements salutaires dont le luxe « nous a fait un besoin et une musique cachée sous les « pieds des promeneurs. » Peine inutile ! le *Pont à Musique* ne se releva pas de cette plaidoirie, et après avoir flotté quelques années au milieu des discussions de tout genre, folles et graves, il fut démoli en septembre 1836.

(1) Rapport au Conseil Municipal, déjà cité.
(2) Pont de Bateaux de Rouen; 1829.

IV

LE PONT DE PIERRE

Dans un projet présenté en 1789 par M. Lamandé père, ingénieur en chef; puis, dans un plan soumis au Conseil général des ponts et chaussées, le 18 juin 1808, pour le redressement et la décoration générale des quais et du pont, par son successeur, M. Lemasson, se dessinait la première intention d'un très-curieux travail. Il s'agissait de faire un pont de pierre, passant par l'extrémité de l'île Lacroix et, sinon d'en faire un second, devant Cauchoise, au moins de reculer jusque-là le Pont de Bateaux, pour encadrer le bassin maritime entre ces deux monuments. Puis, comme le passage des navires dans le bassin, à travers les ouvertures du Pont de Bateaux exclusivement, aurait souffert des difficultés et entravé la navigation, on ouvrait à travers la plaine de la rive gauche, un Canal prenant les navires en aval de Cauchoise et les conduisant en amont sur les quais du fleuve, non sans leur avoir offert à mi-chemin, s'ils le préféraient, le mouillage d'un bassin dont la création aurait complété ce magnifique ensemble (1). Ce plan avait été arrêté par le Conseil général des ponts et chaussées et par M. de Montalivet, alors directeur général, en ce qui concernait d'abord l'établissement d'un pont de pierre passant par l'extrémité de l'île Lacroix. Il n'y avait manqué que la sanction impériale.

Les grandes guerres de l'Empire ne l'avaient pas seules retardée. L'opposition d'un certain nombre de personnes alléguant que l'emplacement proposé était trop éloigné du centre de la ville, y avait aussi fait obstacle (2). Mais les

(1) Pont en pierre à construire sur la Seine, deuxième devis. Paris, 1815. — Voir aux archives du département, dans le dossier du Pont de Pierre, les exposés manuscrits de M. Lemasson.

(2) *Annuaire statistique de la Seine-Inférieure*, année 1823, p. 276.

ponts et chaussées avaient victorieusement répondu que
l'intégrité du bassin maritime devait avant tout être res-
pectée. La question en était là, et provisoirement les deux
rives continuaient à n'avoir d'autre moyen de communication que le Pont de Bateaux, quand, le 30 mai 1810,
Napoléon et Marie-Louise vinrent passer vingt-quatre
heures à Rouen. La première réclamation qu'ils reçurent
fut l'exécution du projet de 1808. Napoléon la promit,
et, à son retour à Paris, un de ses premiers décrets fut
pour tenir sa promesse. Le 10 juin, l'établissement du Pont
de Pierre recevait la sanction impériale. Les travaux devaient immédiatement commencer et être terminés en dix ans.
Ils étaient estimés approximativement à 4,536,472 fr. (1).

Le devis détaillé du 20 mars 1811 est précédé d'un exposé
très-intéressant, également dû à la plume de M. Lemasson.
L'auteur rappelle d'abord les antécédents de la question,
l'historique du Pont Mathilde et du Pont de Bateaux, les
inconvénients de ce dernier, le projet d'ensemble avec le
canal Saint-Sever, auquel le présent pont servira en
quelque sorte de commencement d'exécution. Puis, arrivant
aux motifs qui en ont déterminé l'emplacement, il place
en tête et dans les termes suivants la nécessité d'agrandir
le bassin maritime. — « Ce besoin reconnu depuis long-
« temps d'agrandir le bassin des navires en achevant la
« démolition du vieux pont, de son radier, et en substi-
« tuant au Pont de Bois un Pont de Pierre. Alors le bassin
« sera presque double de ce qu'il est actuellement. C'est
« encore entrer dans les vues de Sa Majesté d'après les
« grandes mesures qu'elle prend pour rétablir la marine,
« le commerce des colonies et de l'étranger. »

Quant au plan même du pont, ses détails techniques n'of-
friraient d'intérêt que dans une œuvre de science à laquelle

(1) Rapport de M. Lemasson, du 17 août 1810, au Préfet de la Seine-
Inférieure.

cette courte étude n'a aucune prétention. Il importe seulement aux amusements de l'histoire locale de rappeler que sur
le terre-plein de l'île Lacroix devait être établi d'abord un
phare, surmonté d'une statue de l'Empereur; puis un monument en l'honneur du Dauphin, là où, en définitive, un
hommage plus heureux a été rendu à une royauté moins
éphémère, celle de notre grand Corneille. Une autre curio-
sité, c'était la conservation entre les rampes et les maisons
actuellement existantes, dans l'hypothèse où elles seraient
placées sur l'alignement adopté depuis, d'une rue basse,
ayant en amont 12 mètres 40 centimètres et en aval 17 mètres de largeur moyenne. Une arcade jetée sur cette rue, à
l'entrée de celle Malpalu, aurait communiqué avec elle
par des escaliers pratiqués à droite et à gauche et aurait
conduit la chaussée du pont jusqu'à l'intérieur de la ville
avec l'inclinaison convenable.

Cette partie du projet fut supprimée par un devis recti-
ficatif, à la rédaction duquel présida un autre ingénieur,
également chargé de la construction du Pont d'Iéna,
M. Lamandé fils. Il fut appelé à Rouen, en 1812, par les
plaintes de la population qui voyait dès le début les travaux
suspendus, et du préfet qui ne croyait pas que M. Lemasson pût faire marcher ensemble la direction des ponts et
chaussées dans le département et le service du pont. Malgré
le zèle déployé par M. Lemasson dans ses études prépara-
toires, ces craintes paraissaient malheureusement justi-
fiées. Le rapport fait par M. Lamandé au préfet, M. le
comte de Girardin, sur la situation des travaux au 31 juillet
1812, constate, à la charge de l'entrepreneur, qui n'était
sans doute pas assez surveillé, beaucoup de négligences.
Cet entrepreneur, le sieur Delachaussée, s'était rendu
adjudicataire des trois arches à construire jusqu'à l'île
Lacroix, et, en vertu de cette adjudication, avait pris
les travaux des mains d'un sieur Delau qui les avait com-
mencés en régie.

Le décret du 10 janvier 1810 avait mis les dépenses à la charge du Trésor public ; l'année suivante, une somme de 200,000 fr. fut affectée à l'exécution des travaux, et de fortes allocations furent promises pour les exercices suivants. Mais la pénurie du Trésor, après les occupations militaires de 1814 et 1815, ne permit même pas de pour-voir à l'entretien ordinaire des routes. De 1811 à 1820, 1,830,000 fr. seulement purent être consacrés au pont. Ils avaient servi à la construction des deux premières culées et des deux premières piles sur la rive droite. Au 1er jan-vier 1821, il fallait trouver encore 4,500,000 fr. pour faire le reste. Le département et la ville proposèrent de s'imposer annuellement, le premier pour 600,000 fr. et la seconde pour 150,000 fr. pendant six ans. La loi du 17 avril 1822 sanctionna leurs résolutions et déclara en même temps que le pont serait livré au public le 1er janvier 1828 (1).

Mais, à la fin de 1828, on en était encore réduit au Pont de Bateaux. Rien ne peint mieux la déception de la ville que la délibération suivante prise par le Conseil Municipal dans sa séance du 27 novembre de la même année, sous la présidence de M. le marquis de Martainville :

« La loi du 17 avril 1822 promettait le passage au public le 1er janvier 1828.

« Le pays et la ville ont rempli leurs engagements, annuellement versé ou tenu à la disposition des ponts et chaussées la somme convenue de 150,000 fr. Cependant nous voici parvenus à la fin de l'année 1828, et non-seule-ment le pont n'est pas livré au public, mais encore les quais, rampes et abords ne sont pas terminés. Que disons-nous ? Le tracé, le simple plan d'une des rampes principales ne sont pas arrêtés. L'ouverture de la route royale Saint-Sever n'est pas faite. L'accès au pont par l'intérieur de la ville ne l'est pas davantage. Tout porte à penser qu'il

_____

(1) *Annuaire statistique de la Seine-Inférieure*, année 1823, p. 274.

s'écoulera encore un long délai avant que les obligations imposées au Gouvernement par la loi soient remplies.

« En même temps, le Pont de Bateaux dont l'ordonnance du règlement du 24 août 1820 avait prescrit la remise à la ville, sans lui rendre encore l'ancien moyen de pourvoir à ses entretiens dont elle jouissait depuis des siècles; ce Pont de Bateaux revenait constituer pour la ville une charge fort onéreuse, dont elle avait du moins vu le terme dans l'époque fixée par la loi ci-dessus, comme un bien faible allégement à ses autres et si énormes sacrifices.

« En conséquence, le Conseil Municipal délibère :

« Qu'à ses obéissances de justifier que le tort positif, et par caisse, que la ville a ressenti par suite du retard de mise à disposition du public du Pont de Pierre ne s'est pas élevé à moins de 30,000 fr. pour l'année 1828 près d'expirer. Le Ministre de l'intérieur sera supplié de vouloir bien prescrire à M. le Directeur général des ponts d'employer à son budget une somme de 30,000 fr. pour l'indemniser de dommages par elle éprouvés en 1828, sans préjudice de telle demande que la ville sera dans le cas de soumettre ultérieurement à S. Exc., selon ce qui se passera en 1829. »

Ce n'est pas la première fois que, dans cette étude, nous avons le bonheur de signaler l'attitude énergique que nos anciens édiles savaient prendre quand il le fallait en face du pouvoir, et la fermeté avec laquelle ils défendaient, contre ses empiétements ou ses fautes, les droits de leurs concitoyens. Sans faire au Gouvernement une opposition politique, qu'aurait condamnée la nature de leurs attributions, ou une opposition systématique, à laquelle l'esprit de taquinerie aurait enlevé toute dignité, ils savaient lui montrer ses torts et, au besoin, lui reprocher ses injustices partout où l'exigeait la cause des intérêts communaux. Le corps municipal y gagnait le prestige qui appartient aux

devoirs civiques accomplis sans mollesse. Quant au Gouvernement, il no mettait guère à reconnaître ses erreurs la franchise qui lui aurait tant servi à les réparer.
Ce n'est pas sans un sentiment de tristesse que l'on compare
la réponse évasive et maladroite du Conseiller d'Etat, directeur général, avec la délibération qui lui fut communi-
quée. Il veut trouver une excuse au retard qu'il ne peut
contester, et au bout de sa plume, sans doute accoutumée
à ces embarras, il n'en rencontre qu'une : sa déférence au
vœu, exprimée par la ville, de choisir un nouvel emplacement pour y élever la colonne triomphale en l'honneur du
Dauphin, et le temps que cette modification avait pris.

Le mieux aurait été de se confesser et de se hâter. On ne
se confessa pas, mais on se hâta. C'était, en somme, la
meilleure moitié du tout. En 1829, le pont fut livré à la
circulation, et le 18 septembre 1833, le premier roi d'une
dynastie nouvelle posait sur le terre-plein la première
pierre de la statue de Pierre Corneille.

V

LE PONT SUSPENDU

. Lorsque que le Pont de Pierre fut sur le point d'être
livré à la circulation, la nécessité d'établir entre les deux
rives un second moyen de communication plus en aval que
la rue du Bac, afin de rapprocher les centres de la ville et
du faubourg et d'éloigner davantage, l'un de l'autre, les
deux passages de la Seine, apparut évidente à tous les yeux.
On pouvait y satisfaire en descendant le Pont de Bateaux,
ou, s'il était décidément considéré comme hors d'usage,
en le détruisant et en en construisant un autre à la place
où on l'aurait descendu. Mais cette question était compli-
quée par l'obligation impérieuse à laquelle chacun rendait
hommage de ne pas réduire le bassin maritime que le

retrait du Pont de Pierre à l'Ile Lacroix avait eu précisément pour but d'agrandir. Les uns proposaient de descendre jusqu'au boulevard Cauchoise, les autres jusqu'à la rue Herbière, où la ville venait d'acheter les terrains sur lesquels elle allait élever la Douane; une troisième opinion, beaucoup plus suivie que les deux premières, refusait de descendre plus bas que la rue Grand-Pont, là où l'impératrice Mathilde, et avant elle nos ducs, avaient jadis fixé la première place de nos communications riveraines. La situation avait donc beaucoup d'analogie avec celle de la présente année, où nous nous retrouvons en face des trois projets de 1828. Mais où elle diffère, c'est qu'il y a quarante ans, personne, pas même dans la proposition de l'emplacement le plus en amont, ne songeait à un pont fixe qui eût empêché les navires mâtés de librement passer pour remonter jusqu'au Pont de Pierre, devenu la limite indiscutable du bassin. On hésitait entre un autre pont de bateaux, un pont tournant, un pont suspendu. On n'hésitait pas sur la nécessité de réserver le libre passage en aval du Pont de Pierre par un moyen quelconque.

Cependant, la navigation n'était pas alors aussi prospère qu'aujourd'hui, ni même qu'auparavant. Elle était en diminution constante depuis 1824, et dans un rapport que possèdent les archives de la Chambre de Commerce, un des membres, partisan du projet rue Herbière, s'exprimait ainsi : « Une partie des objections se trouve basée sur des « calculs d'arrivage de 3,000 à 3,600 navires par an. Malheureusement cette quantité a été toujours en diminuant « depuis 1824, au point que les arrivages, cette année, « n'iront peut-être pas à 2,400. L'extension du système des « bateaux à vapeur, l'accroissement journalier des affaires « au Havre, ne permettent guère de croire à une amélioration bien sensible dans cette position, quels que soient « les avantages que l'on puisse encore espérer... » Que dit-on de plus aujourd'hui pour défendre le Pont de la rue de l'Im-

pératrice? Puissent ses partisans avoir, dans quelques années, les heureuses déceptions que ne tarda pas à rencon-
trer le prophète alarmiste de 1828! Dès 1840, au lieu
de 2,400 arrivages, le port comptait à l'entrée et à la
sortie entre 6 et 7,000 navires, et, en 1846, près de
10,000. Il en compte encore maintenant près de 5,000,
dont la plupart jaugent le double de ceux de 1846. Et la
crise des chemins de fer est traversée!

Telle était l'opinion erronée du rapporteur. Mais quelles
que fussent ses alarmes, s'il jugeait possible de gêner l'accès
du bassin en amont de la rue Herbière, il jugeait impossible de l'interdire. Et sa conclusion dernière était l'établissement d'un système: — tablier tournant ou pont-levis, —
qui garantît la liberté du passage.

La *Société libre du Commerce*, dans sa séance du 2 décembre 1828, avait adopté le même projet avec la même
réserve.

Nous nous sommes fait un devoir de signaler d'abord les
opinions isolées; mais nous nous hâtons de rappeler que la
Chambre de Commerce et le Conseil Municipal furent d'un
avis contraire, et soutinrent catégoriquement le projet de
la rue Grand-Pont.

Plusieurs rapports furent présentés à la Chambre pour
éclairer sa décision. De courts extraits de deux d'entre eux
présentent, en dehors des généralités qui ne changent pas,
un intérêt encore actuel et saisissant, malgré les modifica-
tions relatives que l'homme et le temps ont apportées depuis au régime du fleuve et aux transactions du port :

« Il paraît y avoir plus de justesse dans l'inquiétude de
manquer des mers au bas de la rivière, par le seul fait d'un
retard, même bref, à la sortie de notre port, et l'on ne
peut méconnaître que la possibilité du passage sur nos tra-
verses, variant d'une marée à l'autre, le délai de quelques
heures au départ, qui se fait ressentir sur tout le reste de
la route, ne soit véritablement capable d'amener quelque-

fois l'inconvénient signalé. Il pèsera particulièrement sur
les navires à circulation rapide, qui ne se soutiennent que
par leur économie de temps, et c'est le plus grand nombre
chez nous. Il existera moins pour les navires à long séjour,
soit pour raison de charge ou autrement, parce que ces navires ayant plus de temps trouveront toujours le moyen de
traverser le pont à l'avance, de manière à n'en pouvoir plus
être incommodés au jour de partance. Il serait surtout fort
diminué s'il existait en aval du pont des places de quai ou
de mouillage tranquille, où l'on put, sans gêner ni être
gêné, stationner à portée après la sortie du bassin et jusqu'à la mise en route. Mais cet avantage important ne se
rencontre pas dans le placement du pont à la naissance du
Mont-Riboudet. Enfin, autour de ces objections des ma-
rins, venaient s'en grouper d'autres puisées dans des motifs différents (1). » Le rapporteur, M. J. Rondeaux, concluait
à l'adoption du projet de la rue Grand-Pont, et rejetait
tout emplacement plus en aval.

Un autre membre s'exprimait ainsi sur l'exemple qui
lui avait été objecté d'un pont de bois mobile en aval de
Saint-Pétersbourg : « Le retard d'une heure peut quelquefois faire manquer à un navire le passage de Quillebeuf. Il
y a encore cette différence entre Saint-Pétersbourg et
Rouen, que Saint-Pétersbourg est le lieu de destination
des marchandises que l'on y envoie, tandis que Rouen n'est
qu'une place de transit pour la plupart des marchandises
qui y arrivent. Les commerçants de l'intérieur ne pouvant
diriger leurs marchandises que par le Havre ou par Rouen,
ils préféreront nécessairement celle de ces deux villes qui
leur offrira le plus d'économie. L'économie la plus impor-
tante est celle du fret. Le prix du fret s'établit toujours en
raison des facilités que les capitaines trouvent à venir dans
un port. Comme le Pont (même de l'avis des ingénieurs)

(1) Archives de la Chambre de Commerce.

gênerait la navigation, il faut bien avouer que s'il était construit, le fret pour Rouen augmenterait. Si pourtant le commerce maritime doit être favorisé, combien plus doit il l'être à Rouen, où nous avons dans les habitants du Havre des rivaux qui ont su si bien profiter de nos fautes... Plus le commerce maritime a diminué à Rouen, plus nous devons mettre de soin à conserver ce qui nous en reste (1). »

Un troisième négociant signalait avec raison la nécessité de laisser aux navires toute la partie amont du bassin, pour leur permettre d'y chercher un refuge contre la violence des vents d'ouest qui rendent dangereux les mouillages à la hauteur et dans le voisinage de l'île du Petit-Guay.

Ces raisons et beaucoup d'autres déterminèrent la Chambre à prendre la délibération suivante :

1° Il y aurait inconvénient à établir un pont à la naissance du Mont-Riboudet ;

2° Il y aurait utilité suffisante à descendre le Pont Flottant actuel en face de la rue Grand-Pont, aboutissant à la rue de Saint-Sever ;

3° Il y aurait inconvénient à le descendre plus bas (2);

4° En cas de refus, il convient de le laisser subsister là où il est.

De son côté, le Conseil Municipal, dans sa séance du 26 mars 1829, conformément au remarquable rapport que lui fit aussi M. J. Rondeaux, prit une décision se m-blable :

. (1) Archives de la Chambre de Commerce.
(2) Le *Journal de Rouen* du 16 octobre 1868, en disant que le refus de la Chambre de descendre jusqu'à la rue Herblère ne signifie pas qu'elle aurait refusé de descendre seulement à la rue Ancrière, oublie évidemment cette partie de la délibération.
Le 15 octobre 1868, la Chambre vient de maintenir, par une nouvelle délibération, le principe de l'intégrité du bassin maritime, au moins depuis le Pont Suspendu.

1° Il y a nécessité d'une seconde communication entre les deux rives du fleuve à Rouen ;

2° Le vieux pont actuel de bateaux doit être, quant à présent, conservé dans l'emplacement où il est, mais seulement provisoirement et pour parvenir à l'essai du droit de péage ;

3° Néanmoins, dans le cas où la translation du vieux Pont de Bateaux vers un point de communication plus directe viendrait à avoir lieu, il *ne pourrait jamais être placé plus bas que la rue Grand-Pont ;*

4° D'ici-là, et pour parvenir à l'exécution des améliorations projetées en faveur de la navigation, il convient de faire étudier le mieux et le plus tôt possible les différents systèmes de ponts les plus applicables à notre localité et les moins gênants à la navigation ; à cet effet, d'ouvrir sans délai un concours public où tous artistes, de quelque pays qu'ils soient, seront admis à proposer leurs projets d'un second pont à Rouen, aux conditions d'un programme qui sera incessamment rédigé par les soins de l'administration municipale ;

5° Il sera, dès à présent, sollicité du Gouvernement une ordonnance royale ayant pour objet de disposer : — (Suivent les tarifs proposés.)

Les produits des péage et pontage ci-dessus appartiendront à la ville de Rouen, pour, par elle, être employés provisoirement aux frais d'entretien du vieux Pont actuel, ensuite à la construction et à l'entretien du Pont futur de remplacement, et enfin à concourir, à l'aide du surplus, avec le Gouvernement, à l'enlèvement de tout ou partie des ruines de l'ancien Pont de Pierre, pour l'amélioration de la navigation dans la partie haute du port. »

Le Pont Suspendu est né de ces délibérations. Le plan définitif, présenté par les adjudicataires, MM. Séguin frères, ingénieurs civils, et Pierre Colin, entrepreneur de travaux publics, a reçu l'approbation du Ministre de l'intérieur, le 25 juin 1835. La dépense totale fut évaluée à 750,000 fr. (1).

La travée mobile supportée par l'arche du milieu, et qui servait de solution au problème d'un moyen de communication en aval, respectant l'intégrité du bassin jusqu'au Pont de Pierre, provoqua toute la sollicitude et toute l'attention des ponts et chaussées. A ce sujet, le Ministre de l'intérieur écrivait le 27 juin 1835, au Préfet de la Seine-Inférieure, le jour même de l'arrêté :

« J'ai pensé avec le Conseil général des ponts et chaus-
« sées qu'il peut être donné suite à l'avant-projet présenté
« par les concessionnaires, sous la réserve des modifica-
« tions suivantes :

« 1° La largeur de la travée mobile sera portée à
« 14 mètres ;

« 2° Deux plates-formes avec cabestans seront établies
« sur deux des piles en bois du vieux Pont de Bateaux, et
« l'on placera un nombre suffisant de corps morts pour
« offrir aux bâtiments les moyens de se diriger facilement
« dans la passe ;

« 3° Cette passe sera draguée et entretenue de manière
« à avoir en étiage un mouillage de 3 mètres au moins ;

« 4° Il ne sera rien changé, etc... »

Au mois d'août 1836, le pont était achevé, et le 31 du même mois, il était inauguré.

Depuis, la libre pratique de la travée mobile n'a pas cessé d'être surveillée par l'autorité supérieure et mise à profit par la marine. Un arrêté du 6 février 1837 la réglemente dans tous ses détails et en assure aujourd'hui encore l'exécution.

La Compagnie du Pont Suspendu a quelquefois cherché à s'en affranchir dans une certaine mesure. En 1849, no-

(1) Voir la description du Pont dans le *Guide de Rouen*, de Th. Licquet, revu et annoté par Edouard Frère, p. 125.

tamment, elle proposait d'y apporter quelques restrictions. L'ouverture du pont-levis serait prohibée en dehors d'un soleil à l'autre. Les chalands allèges, gribanes et tous bâtiments ne faisant que la navigation de la rivière seraient tenus d'avoir leurs mâts à bascule et dégagés, de manière à pouvoir les abattre pour passer sous le pont. Heureusement la marine, les ponts et chaussées, représentés par MM. Doyat et Lepeuple, et la Chambre de Commerce, présidée par M. A. Le Mire, protestèrent contre ces dérogations vexatoires à l'arrêté du 6 février 1837, dont le maintien pur et simple devait être et fut prononcé. Telle était l'importance qu'on continuait à attacher à la liberté de l'accès du fleuve par tous navires jusqu'au Pont de Pierre. L'obligation des mâts à bascule, proposée exclusivement pour les chalands, était même, dans ces limites, traitée comme une « vexation exorbitante. » Bien mieux : il fallait que les chalands mâtés à bascule conservassent eux-mêmes le droit de ne pas les abaisser, car souvent ils chargent sur leur pont des marchandises qui les en empêchent.

Le Pont Suspendu a une concession de 99 ans. Il a donc le droit de vivre jusqu'en 1936.

VI

LE PONT PROJETÉ

Il faudrait une beaucoup plus longue étude pour faire l'histoire complète du passé; mais celle-là suffit pour en tirer la leçon qu'il contient. Il ne devrait plus rester qu'à en faire la règle du présent.

Nous sommes aujourd'hui en face d'une situation qui rappelle beaucoup celle de 1828, et qui n'est pas sans analogie avec celle de 1810, à laquelle elle emprunte cette particularité : d'être née du passage d'un Empereur. En 1810, Napoléon Ier visite Rouen et promet un pont. En 1868,

Napoléon III recommence et la visite et la promesse. Le
Pont de Napoléon Ier a été sagement placé à l'extrémité
du bassin maritime pour en consacrer l'agrandissement et
en assurer la conservation. Le pont de Napoléon III le
sera-t-il de manière à en consacrer le rétrécissement et à
en assurer la perte ?

En 1828, trois projets d'emplacement étaient présentés.
Deux, la rue Grand-Pont et le boulevard Cauchoise, sont
exactement les mêmes aujourd'hui ; le troisième n'en diffère
que par la distance de la rue Herbière à la rue de l'Impératrice. Après avoir vu pourquoi le Pont Suspendu n'avait été
autorisé à descendre aussi bas qu'à la condition de s'ouvrir
incessamment à tous les navires qui voudraient passer et de
n'infliger au port qu'une clôture franchissable et mobile, —
pourquoi le Pont de Pierre avait été placé en amont du
Pont de Bateaux, et celui-ci en amont du Pont Mathilde, —
nous allons chercher s'il faut abandonner toutes ces pré-
cautions, revenir sur ce bornage définitif, détruire une
fois de plus en quelques jours les résolutions réfléchies de
nos aïeux et de nos pères? Telle est la question qui ra-
mène aujourd'hui la proposition du pont de la rue de
l'Impératrice.

Quant à celle du boulevard Cauchoise, à laquelle personne ne paraît s'attacher, la défense n'en pouvait être
essayée qu'à la condition de revenir au canal projeté à
travers Saint-Sever en 1789, pour suppléer à l'insuffisance
évidente d'une ouverture mobile en cet endroit du fleuve.

Avant tout, défions-nous des erreurs où jette la préoccu-
pation des intérêts personnels. Poursuivons de bonne foi
ceux du grand nombre. Nous y gagnerons cette liberté d'esprit qui facilite les bons jugements, et dont il dépend de
nous de n'être jamais privés. Dans les questions de clocher,
j'en dirais autant des questions de pont, ce qui fait l'embarras de la paroisse, ce n'est pas le clocher, ce sont les
paroissiens. S'il ne s'agissait que du clocher, le diable

serait bien malin s'il empêchait les gens de s'entendre avec
M. le curé. Dix minutes d'examen sur la place de l'église,
et vite on saurait quoi décider. Mais les paroissiens ne
sont pas si simples. Chacun se met à sa fenêtre pour juger
de l'effet du clocher. Les plus voisins le trouvent trop haut;
les autres trop petit; du bout du village, on propose de rapprocher l'église. Mes chers concitoyens, ne discutons pas à
nos fenêtres; les vôtres sont rue Grand-Pont, les miennes
rue de l'Impératrice, nous ne nous entendrions pas. Pour
voter sur notre pont, allons tout bonnement au bord de la
rivière.

A Rouen, l'établissement d'un pont doit être examiné à
deux points de vue qu'on dira peut-être, avec beaucoup de
raison, n'en faire qu'un, tant un même intérêt les rappro-
che : le point de vue de la ville et celui du port. J'espère
démontrer, qu'isolés ou confondus, ils commandent la
même solution.

Les intérêts de la ville appellent deux ordres d'idées dis-
tincts: 1° Où sont les besoins de la circulation? 2° quelles
seront les dépenses comparatives?

Les intérêts du port nous obligent à rechercher: 1° Quels
sont les besoins de la navigation; 2° quel sera le sort des
docks; 3° comment le chemin de fer du Nord sera mis en
communication avec eux.

Nous plaçant d'abord au point de vue des intérêts de la
ville, recherchons où sont les besoins de la circulation.

Sont-ils entre la rue de l'Impératrice et le quartier ouest
du faubourg Saint-Sever? J'accepte volontiers que la rue
de l'Impératrice est un large courant qui recueille de nombreux affluents, notamment la rue Verte, les Marchés et
la Préfecture. Mais si je cherche où se dirige le courant, je
le vois se briser en mille filets qui conduisent à l'Hôtel-de-
Ville, à la Métropole, à la Bourse, au Palais, au Théâtre,
à l'est, au nord; à l'ouest de la ville, et si c'est vers le
midi, aux quais, aux magasins des rues basses, aux rues

Lafayette et Saint-Sever, et exceptionnellement aux Docks, dont les grandes relations sont avec les quais et les gares Saint-Sever et Saint-Hilaire. Dans le quartier ouest de Saint-Sever, rien n'appelle la circulation. Deux casernes et la prison ne comptent pas.

Comptez-vous les Docks et les établissements industriels de la route de Caen et à l'entour? A la bonne heure. L'utilité de les relier avec les quais de la rive droite par un pont plus rapproché que le Pont de Pierre, ne me paraît pas contestable. Mais il s'agit de les relier aux quais, non pas à la rue de l'Impératrice avec laquelle ils n'ont guère à communiquer. C'est la raison déterminante de la substitution d'un pont fixe au Pont Suspendu. Sans cela, le Pont Suspendu ferait un service suffisant, et personne n'a demandé sa mort avant l'expiration de ses quatre-vingt-dix-neuf ans.

Sans doute, si le rapprochement de la rive droite avec les Docks était le seul but à atteindre, c'est en face d'eux, après leur avoir donné une largeur de quai double ou triple, qu'il faudrait placer le Pont. Mais ce résultat n'est pas le seul à poursuivre. Il concerne d'ailleurs les intérêts du port beaucoup plus que ceux de la ville; et quand leur examen nous permettra d'insister sur la situation faite aux Docks par le projet de la rue de l'Impératrice, nous verrons qu'au lieu d'en faciliter l'accès, ce projet les enterre.

En un mot, s'il est vrai que la ville a besoin de raccourcir ses communications avec Saint-Sever, c'est surtout avec le quartier est, le plus important et le plus populeux du faubourg.

Quant à la rue de l'Impératrice, prolongée entre les casernes Saint-Sever et Bonne-Nouvelle, les Docks, l'usine à gaz, la prison, la place des exécutions, et aboutissant à la rue Tous-Vents, les propriétaires qui y feraient bâtir montreraient beaucoup de courage, et les locataires qui y viendraient habiter beaucoup de résignation.

Seconde question : Les dépenses, dans lesquelles l'Etat laissera la ville supporter une part, qui n'est pas encore déterminée, seront-elles moins fortes en aval qu'en amont ?

Dans son exposé, publié par le *Nouvelliste* du 12 octobre, M. l'ingénieur en chef du département porte à 2,300,000 fr. le devis du Pont de la rue de l'Impératrice et à 3,500,000 francs celui de son concurrent.

C'est une différence écrasante. Cependant, si ces totaux n'exigeaient pas de grands éclaircissements, je dirai même d'importantes rectifications, il ne faudrait pas hésiter à refuser une économie de 1,200,000 fr., qui nous mènerait à la perte du port, — question réservée, — et qui comporterait une satisfaction moins grande des besoins de la circulation, — question déjà examinée.

Mais ces 1,200,000 fr. sont un véritable mirage, et M. du Boulet, l'ingénieur en chef de la Seine, que la Seine a trop tôt perdu, en fait bonne justice dans le savant rapport que publie aussi le *Nouvelliste* du 12 octobre.

Le pont proprement dit coûterait 1,620,000 fr. devant la rue Grand-Pont, et 1,554,600 fr. devant la rue de l'Impératrice. Entre leurs dépenses principales, il n'y aurait donc qu'une différence insignifiante. Celle de 1,200,000 fr. vient des dépenses qui leur sont accessoirement attribuées.

M. Tarbé met à la charge du compte d'établissement du pont d'amont : 1° 600,000 fr. pour 400 mètres de mur de quai à construire en rectification de la concavité qui existe sur celui de la rive gauche, de l'abreuvoir à la caserne ; 2° en deux fois 680,000 fr. pour dragages du chenal sous le pont et enlèvement des ruines du Pont Mathilde, à 60 fr. le mètre cube à draguer. Voilà les 1,200,000 fr. Les 80,000 fr. de surplus, c'est la part de la différence insigni- fiante que nous venons de relever entre les dépenses prin- cipales.

Or, M. du Boulet fait observer avec raison : 1° que ces dépenses sont nécessaires en tout état et de toute manière ; que le mur du quai Saint-Sever menace ruine et exige

une prompte réparation ; que les ruines du Pont Mathilde
gênent la navigation, à tel point, qu'en 1861, on avait
déjà commencé à les draguer; que, par conséquent, c'est le
compte d'entretien du port et non pas le compte d'établissement du pont qui doit payer cette reconstruction et ce
dragage; 2° que ces dépenses sont exàgérées, et que le
dragage pourrait être fait à 35 fr. du mètre cube, au lieu
de 60. M. Renaudeau d'Arc avait fait mieux : il avait
compté 100 fr. le mètre cube.

Quant aux dépenses accessoires du Pont de l'Impératrice,
MM. Tarbé et Renaudeau ne les portent qu'à :

Rampes.	34,114 fr. 50
Modification du terre-plein des quais. .	53,248 »
Murs de quai aux cales d'embarquemᵗ.	10,500 »
	97,862 fr. 50

Ces ingénieurs, si habiles qu'ils soient, espèrent-ils
donc introduire le chemin de fer d'Amiens sur leur pont
sans hausser les trottoirs de la rive droite, et le raccorder avec le chemin de fer de l'Ouest sur la rive
gauche, dans 27 mètres de profondeur de quai ? Leur pont
et leur rue ne porteront-ils pas, rive gauche, une circulation assez considérable pour exiger un débouché plus
large que celui qu'ils lui offrent entre les Docks, la caserne, les rails de l'Ouest et du Nord combinés, sans
compter demain ceux de Quevilly et plus tard ceux d'Orléans ? Espèrent-ils que, par conséquent, il ne faudra pas
abattre l'aile gauche des Docks et l'aile droite de la caserne?
Evidemment ils l'espèrent, puisqu'ils ne comptent pas dans
leurs prévisions ces différents chefs d'indemnités ou de
travaux, et que leur parfaite honorabilité ne permet pas de
mettre en doute leur sincérité. Mais dès que cette circulation sera si peu de chose, il est inutile de lui offrir un
monument de 3 millions. C'est qu'on n'a pas besoin d'un
nouveau pont; n'en faites pas.

Voilà les intérêts de la ville. Ils commanderaient plutôt le choix de la rue Grand-Pont que celui de la rue de l'Impératrice. Voyons maintenant ceux du port. Là un seul doute n'est plus permis.

1° *Besoins de la navigation.* — Le Pont de la rue de l'Impératrice les blesse cruellement par la diminution d'espace entre l'eau et les voûtes dans les grandes crues, et surtout par le rétrécissement du bassin.

Sur la première cause de lésion, nous ne pouvons pas répéter toute la démonstration de M. du Boulet qui fait ressortir le danger de supposer sans retour possible la crue de 1740. Nous y renvoyons le lecteur. Sa conclusion est celle-ci : « Le Pont placé au milieu du bassin arrêtera le « mouvement des navires beaucoup plus tôt que celui de « Pierre qui en est l'origine d'amont. N'est-ce pas souve- « rainement irrationnel, surtout si on ne perd pas de vue « que, dans un bassin, les mouvements sont de tous les « instants et qu'il en est tout autrement à leurs extré- « mités? »

Sur la seconde, il y a des renseignements précieux dans l'enquête, notamment ceux que donnent la Compagnie des Courtiers maritimes, son honorable et expérimenté syndic et beaucoup de capitaines. Sans doute, quand on ne connaît du fleuve que la surface et des quais que les longs développements, on trouve que les navires ont une place considérable pour se mouvoir et pour accoster. Mais si quelque pilote, pratiquant la rivière, était là pour vous renseigner, voici à quoi se réduiraient ces magnificences superficielles :

1° RIVE DROITE.

Quai Boïeldieu. . . . . Bon et beaucoup d'eau. C'est là qu'est en ce moment le *Nypot-Artista,* un des plus forts trois-mâts qui soient montés à Rouen.

Quai de la Bourse. . . . . . . Affaissé, par conséquent, inondé dans les grandes eaux, et sans ressources dans les basses. Le niveau du lit de la rivière y est représenté par 11 et 12 dans le profil en long qui est au dossier, tandis qu'il est représenté par 8 vers la cale aux Huîtres, où il est beaucoup plus bas.

Si mauvais, qu'un dragage au pied ou l'exhaussement de sa tablette provoquerait des éboulements.

L'exemple des cotonniers américains, cité par le *Journal de Rouen* comme ayant trouvé assez d'eau devant ce quai, ne prouve rien, par la raison qu'ils en tiraient très-peu.

Quai d'Harcourt. . . . . . . Sans cesse occupé par les énormes colis dispersés autour de la grande grue de la Chambre de Commerce.

Quai de la Madeleine. . . . . Impraticable. Les capitaines n'osent pas y mener leurs navires. La barre et le vent d'ouest s'y font profondément sentir. Il y a peu de temps, le brick le *Ponthieu* a éprouvé là, à l'arrivée du flot, de fortes avaries que le Conseil de Préfecture a reconnu être de force majeure. Il est d'ailleurs impossible de draguer au pied. A peine ce quai fini, il a fallu le consolider avec des pieux de place en place. On avait jeté les fondations dans la vase au lieu de faire un pilotis.

2° RIVE GAUCHE.

Du Pont Suspendu aux Docks. . Affecté aux transbordements qui s'y font presque tous.

Des Docks à la Petite-Chaussée. Quai très-étroit, occupé par le chemin de fer qui y laisse très-peu de place au dépôt des marchandises, gêné par la circulation des Docks, par celle qu'il faut attendre du pont et par les rampes de 1 m. 70 c. à leur sommet, sur lesquelles il sera reçu, affecté d'ailleurs aux charbonniers, près desquels certaines marchandises ne peuvent pas facilement se placer.

Ce tableau, dont j'emprunte les éléments aux dires des hommes les plus compétents, prouve que le quai de la rive droite du Pont Suspendu à la rue de l'Impératrice est le meilleur du bassin. C'est celui qu'on en veut retrancher! Le reste est souvent peu praticable, et M. Tarbé le compte sans aucune différence pour prouver que les navires ont proportionnellement plus de quai à leur disposition dans le port de Rouen que dans les autres.

Mais, dit M. Renaudeau, les voiliers diminuent et diminueront encore davantage. Quant aux bateaux à vapeur, ils feront mettre des bascules à leurs tuyaux et à leurs mâts pour passer sous le pont.

Je n'insiste pas sur cette proposition qui a évidemment échappé à l'attention de son auteur, trop intelligent pour la maintenir à la plus simple révision. Des steamers de 7 à 800 tonneaux, qui fréquentent alternativement toutes les mers, ne feraient pas installer leur mâture et leur cheminée, comme celle des *Seine-et-Tamise*, exprès pour passer sous le pont de Rouen. Leurs dimensions ne le leur permettraient pas.

Il est aussi inexact que le mouvement maritime, de quelque sorte que ce soit, diminue dans le port de Rouen. Les navires qui le fréquentent sont moins nombreux qu'en 1840, 1846 et au-delà ; mais ils sont plus gros et représentent ensemble un poids de marchandises égal à celui des années prospères, de 5 à 600,000 tonnes. D'ailleurs, de justes espérances d'augmentation ne sont pas défendues, et nous avons vu, en rappelant les discussions de 1828, combien il est facile de se tromper en condamnant notre port à l'immobilité, sinon à la décadence. En 1828, on proposait un pont en face de la rue Herbière, en prétendant qu'il resterait toujours assez de place dans le bassin pour y recevoir les rares bateaux qui y venaient encore, et en 1846, il y entrait 10,000 voiles !

La nécessité d'établir dans les fleuves des ports de refuge, les facilités dont Rouen est naturellement doté pour devenir le plus sûr d'entre eux, les endiguements de la Basse-Seine et leurs merveilleux résultats, l'intelligence si développée que notre Préfet et notre Maire ont toujours eue de nos intérêts, tout nous autorise à dire que cette question locale sera bien conduite. Elle peut devenir nationale, et, à défaut des Rouennais, la France ne laisserait pas un de ses plus beaux ports extérieurs perdre 4 hectares sur 13, pour l'amour d'une ligne droite !

La substitution d'un Pont fixe au Pont Suspendu lui en fait déjà perdre autant, depuis le Pont de Pierre. Dans l'état actuel, et grâce à la travée mobile, cette partie du bassin est toujours accessible à la navigation maritime. Elle cesserait de l'être par l'immobilisation du pont. C'est en réalité le sort de 8 hectares que menace le projet de M. l'ingénieur en chef de la Seine-Inférieure.

2° *Les Docks.* — M. Tarbé apprécie dans ces termes les effets de son projet en ce qui concerne, « le préjudice causé par les remblais à faire devant la caserne et les Docks, *quoique très-notable*, ne paraît pas de nature à compromettre les services auxquels sont affectés ces deux bâtiments. » L'aveu est précieux à retenir. Le Pont de la rue de l'Impératrice cause un préjudice *très-notable* aux Docks. En effet, son débouché sur la rive gauche nécessite l'élévation sur le quai d'une rampe qui a déjà 11 centimètres à l'extrémité gauche des Docks, qui monte sensiblement sur leur façade et qui atteint 1 mètre 70 à leur extrémité droite. La première fenêtre du rez-de-chaussée, en venant du pont, sera ainsi au niveau du sol, et le seuil de la porte enterré de 1 mètre 51. La même rampe, en redescendant vers la place Saint-Sever, attaque la caserne à 1 mètre 68 de hauteur et lui mord encore 2 centimètres à l'aile droite. C'est donc une indemnité de plus à payer. Si la ville n'en paie pas aux Docks, c'est qu'elle en est elle-même propriétaire. Mais ce serait une singulière façon d'administrer sa propriété que de l'enterrer, et d'exploiter ses magasins que d'en boucher les portes. M. Tarbé ajoute que, malgré tout, le service des Docks ne sera pas compromis. S'il entend par là que les marchandises pourront encore y entrer et en sortir, il a raison. Mais tout le rez-de-chaussée est perdu, et toute l'économie du bâtiment détruite. La ville a longtemps cherché une compagnie sérieuse qui lui achetât ces immenses magasins pour lesquels elle a déjà fait tant de sacrifices. Voilà une recherche simplifiée. Avec le pont d'aval, elle est aussi sûre de n'en pas trouver que de ne plus obtenir de fonds pour améliorer la Basse-Seine, ou de tête de ligne sur Orléans.

3° *Raccordement du chemin de fer du Nord avec les Docks.* — Une des meilleures raisons à donner pour faire sur la Seine un second pont fixe en aval du premier, c'est assurément l'utilité de raccorder le chemin du Nord avec celui de l'Ouest. Le Pont de Pierre ne peut pas suffire à ce raccordement ; le nouveau doit y pourvoir.

Or, il n'est pas possible, sans démolir une partie de la caserne et des Docks, d'assurer sur les 27 mètres de profondeur du quai aux Meules le jeu des courbes nécessaires au débouché du Pont projeté. Sur la rive droite, ce ne l'est qu'à la condition d'élargir les rampes de manière à modifier sans doute le niveau des trottoirs. Les propriétaires des maisons devant lesquelles aurait lieu cet exhaussement en feraient-ils gratuitement le sacrifice?

Une pensée très-remarquable de leur collègue, M. du Boulet, peut servir de conclusion à ce travail. La « nature fait les ports, a dit cet ingénieur, et les hommes font les ponts. » Ne détruisons donc pas un bon port pour faire un pont médiocre. C'est assez que cette folle manie de la ligne droite bouleverse nos habitations, sans bouleverser encore notre marine. Rouen est admirablement servi par le fleuve incomparable qui conduit chaque jour à ses pieds le reflux de l'Océan, sans jamais lui en apporter les orages. Assis sur cette grande route de Paris à la mer, il doit la défendre énergiquement. Si les Anglais, avec leur génie maritime, possédaient dans leur île, à trente lieues de la mer, un pareil mouilllage, croit-on qu'ils le sacrifieraient, par quelque dangereuse coupure, aux sottes exigences de la religion rectiligne? Leurs ports les plus vantés ne sont pas exposés sur leurs côtes à la tempête et à l'ennemi. Ils ont eu soin de les choisir à l'abri des terres, où ils les ont reculés. Londres, Bristol et Liverpool sont là pour l'attester. C'est un exemple à suivre. Et, soit dit sans offenser un voisin, dont nous avons trop souvent fait le jeu, chez eux le Huvre n'aurait été que l'avant-port de Rouen.

Rouen, le 17 octobre 1868.

Rouen.— Imp. Ch.-F. LAPIERRE et Cᵉ, rue St-Etienne-des-Tonneliers, 1.